Petit monde vivant

LES CHIENS

Bobbie Kalman et Hannelore Sotzek

Traduction : Paul Rivard

Les chiens est la traduction de *What is a Dog?* de Bobbie Kalman et Hannelore Sotzek (ISBN 0-86505-956-X).
© 2000, Crabtree Publishing Company, 612 Welland Ave., St. Catharines, Ontario, Canada L2M 5V6

Données de catalogage avant publication (Canada)

Kalman, Bobbie, 1947-

   Les chiens

   (Petit monde vivant)
   Traduction de: What is a dog?.
   Comprend un index.
   Pour enfants de 6 à 10 ans.

   ISBN 2-920660-84-5

   1. Chiens - Ouvrages pour la jeunesse. I. Sotzek, Hannelore. II. Titre. III.
Collection: Kalman, Bobbie, 1947-   . Petit monde vivant.

SF426.5.K3514 2002   j636.7   C2002-941187-4

Nous reconnaissons l'aide financière du gouvernement
du Canada par l'entremise du Programme d'Aide au
Développement de l'Industrie de l'Édition (PADIÉ)
pour nos activités d'édition.

Le Conseil des Arts | The Canada Council
du Canada | for the Arts

Éditions Banjo remercie
le Conseil des Arts du Canada du soutien
accordé à son programme d'édition dans
le cadre du programme des subventions
globales aux éditeurs.

Cet ouvrage a été publié
avec le soutien de la SODEC.

Gouvernement du Québec – Programme de crédit
d'impôt pour l'édition de livres – Gestion SODEC.

Dépôt légal – Bibliothèque nationale du Québec, 2002
Bibliothèque nationale du Canada, 2002
ISBN 2-920660-**84**-5

Les chiens
© Éditions Banjo, 2002
233, av. Dunbar, bureau 300
Mont-Royal (Québec)
Canada H3P 2H4
Téléphone: (514) 738-9818 / 1-888-738-9818
Télécopieur: (514) 738-5838 / 1-888-273-5247
Site Internet: www.editionsbanjo.ca

Imprimé au Canada

Table des matières

Qu'est-ce qu'un chien?

Le chien est un mammifère. Comme tous les mammifères, le chien a le corps couvert de fourrure ou de poils. Chez les mammifères, les petits se développent, jusqu'à leur naissance, dans le corps de leur mère. Une fois que ses petits sont nés, la femelle produit du lait pour les nourrir.

Un loup dans la peau d'un chien

Il y a longtemps, les chiens étaient des animaux sauvages. Ils vivaient à l'écart des groupements humains et chassaient pour se nourrir. Avec le temps, certains chiens sauvages se sont rapprochés des humains. Ces chiens sauvages étaient des loups. Ils se nourrissaient des restes des repas des êtres humains et se chauffaient à leurs feux. Petit à petit, ils devinrent moins craintifs de l'espèce humaine.

Cette femelle beagle allaite ses petits. ◢

◤ *Les chiens sont des amis fidèles. De nombreuses personnes ont des chiens de compagnie.*

La domestication des loups

Il y a plus de 10 000 ans, les humains commencèrent à **domestiquer** des loups afin qu'ils les aident dans leurs activités de chasse ou de garde. Ils habituèrent ces chiens sauvages à vivre avec eux. Les chiens sont parmi les premiers animaux à avoir été domestiqués.

Les chiens et les humains

Après avoir domestiqué des chiens, les humains en firent l'élevage et la **reproduction sélective**, de façon à leur faire effectuer des tâches ou à leur donner une certaine apparence. Ils choisirent des chiens ayant les mêmes caractéristiques, par exemple la capacité à transporter des charges, et les firent **s'accoupler** entre eux. Ils obtinrent ainsi des chiots ayant les mêmes qualités.

Des animaux racés

Au fil du temps, l'accouplement de chiens ayant des caractéristiques précises a fini par produire diverses **races** de chiens. Les chiens issus d'une seule race sont dits **de race pure**. On appelle **bâtards** les chiens issus du **croisement** de nombreuses races.

Des cousins sauvages

De nos jours, les races de chiens qui vivent avec les humains sont domestiques. Même s'ils sont apparentés aux loups, leurs **ancêtres** en quelque sorte, les chiens n'ont pas besoin d'adopter un comportement de bêtes sauvages pour survivre. La plupart d'entre eux sont nourris par leurs maîtres, tandis que les loups doivent chasser pour se nourrir.

L'arbre généalogique du chien

Les chiens appartiennent à la famille des canidés. Il existe environ 34 **espèces** de canidés, parmi lesquelles on retrouve les loups, les coyotes, les chacals, les dingos, les renards, les dholes, les chiens des buissons et les chiens sauvages d'Afrique.

On ne compte qu'une seule espèce de chiens domestiques, mais elle comprend des centaines de races. En Amérique du Nord, les nombreuses races sont subdivisées en sept groupes principaux : les chiens d'arrêt, les chiens courants, les terriers, les chiens de travail, les chiens de berger, les chiens de compagnie et les chiens d'agrément.

Il y a très longtemps…

Les scientifiques pensent que le plus lointain ancêtre du chien était un mammifère carnivore, appelé *miacis*. Cet animal vivait il y a des millions d'années. Il est aussi l'ancêtre des hyènes, des chats, des ratons laveurs et des ours.

Les loups

Le loup gris et le loup roux sont les deux seuls vrais types de loups. Ils vivent principalement en Amérique du Nord, mais on trouve aussi des loups gris en Asie.

Le loup à crinière, toutefois, n'est pas un loup ! Ce canidé vit en Amérique du Sud.

On donne à ce canidé le nom de loup roux, mais certains loups roux ont une fourrure noire.

Le loup gris, à gauche, est le plus gros des chiens sauvages.

Les chiens sauvages

Dans la famille des canidés, on classe les chiens avec les loups, les dingos, les coyotes et les chacals.

On trouve les chacals en Asie, en Europe et en Afrique. Le chacal à dos noir, ci-dessus, est le seul type qui vit surtout en Afrique.

Les coyotes vivent en Amérique du Nord.

Autrefois, le dingo d'Australie était un chien domestique. Aujourd'hui, ce canidé est retourné à l'état sauvage.

Les chiens domestiques

Les races de chiens se distinguent les unes des autres, tant en ce qui concerne la taille que la forme. Le basset allemand, par exemple, a des pattes très courtes, mais un corps tout en longueur. Les carlins ont un museau plat et le bull-terrier a la tête en forme de ballon de rugby !

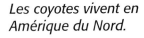

Le chihuahua est la plus petite race de chiens. Il ne pèse que trois kilos ou moins.

Le lévrier irlandais, le plus grand de tous les chiens, peut atteindre un mètre de haut.

Le corps du chien

Tous les chiens ont un museau, une queue et quatre membres. Leur corps est fait pour la chasse. De nos jours, la plupart des chiens utilisent surtout leur corps musclé pour courir et sauter.

Le chien se sert de sa langue pour boire, pour faire sa toilette et pour se garder au frais. Le bout de son museau, que l'on appelle truffe, *est constitué d'un tissu spongieux.*

Une épine dorsale souple permet au chien de sauter, de faire des pirouettes et de se faufiler dans des espaces restreints.

Lorsqu'un chien se sent menacé, les poils de son dos et de sa nuque se dressent.

Grâce aux puissants muscles de ses pattes, le chien peut faire de grands sauts et courir rapidement.

Le chien a des dents solides et de puissantes mâchoires qui lui servent à se défendre, mais aussi à saisir sa nourriture et à la manger.

Le chien est digitigrade : il fait reposer le poids de son corps sur ses doigts lorsqu'il marche ou qu'il court.

Le chien a quatre griffes à chaque pied. Ces griffes, qui lui permettent de creuser ou de gratter, lui servent également d'appui lorsqu'il court.

Comme vous avez de grandes dents!

Au départ, le chien avait des dents de carnassier, faites pour tuer et manger des animaux. Les croisements sélectifs ont permis de créer de nombreux chiens domestiques aux dents plus petites. Ces dents, qui ne peuvent servir à tuer, leur permettent tout de même de manger de la viande et d'autres types de nourriture. Le chien se sert de ses incisives, situées à l'avant de la gueule, pour mordre et pour arracher la chair des os. Ses canines, ou crocs, lui permettent de percer et de déchirer; quant à ses prémolaires, il s'en sert pour tenir sa nourriture. Ses molaires se trouvent au fond de sa gueule; il les utilise pour mastiquer les aliments.

molaires

prémolaires

canines   incisives

◄ *Le terrier de Jack Russell possède les mêmes dents qu'un chien plus gros.*

De nombreux pelages

Les pelages ne sont pas tous identiques. La fourrure du lévrier afghan est soyeuse. Le pékinois a une fourrure à poils longs. Le whippet a des poils courts et lisses. Des chiens comme l'épagneul d'eau irlandais ont une fourrure bouclée, tandis que le pelage de certains terriers est dru. Les chiens rapporteurs, ou retrievers, ont une fourrure qui leur permet de séjourner dans l'eau. Quant aux caniches, ils ne perdent pas leurs poils. Les komondors ont de longs poils qui pendent presque jusqu'au sol! D'autres chiens, comme les dalmatiens, ont des marques semblables à des taches, qui permettent de les reconnaître.

Quelques chiens, comme ce chien chinois à crête, ont peu de fourrure ou n'en ont pas du tout!

Des super-sens

Les chiens qui vivent à l'état sauvage se fient à leur ouïe, à leur odorat ou à leur vue pour chasser et capturer leurs proies, c'est-à-dire les animaux dont ils se nourrissent.

Les chiens domestiques aussi peuvent chasser, mais ils ont surtout recours à leurs sens pour détecter des ennemis ou pour reconnaître des personnes ou des objets.

Hein ?

Les chiens ont l'ouïe très développée. Ils sont capables d'entendre une gamme de sons beaucoup plus étendue que celle que les humains perçoivent. Les chiens peuvent percevoir des sons extrêmement aigus. De nombreux petits animaux, dont les rats, émettent des cris aigus. En fixant son attention sur de tels sons, un chien localise plus facilement l'animal qu'il chasse. L'ouïe d'un chien est si fine qu'il peut reconnaître le pas d'une personne.

Beaucoup de chiens, comme ce berger allemand, peuvent dresser leurs grandes oreilles et les tourner dans la direction d'un son, de manière à mieux le capter.

C'est pour mieux te sentir...

Le chien a un odorat particulièrement efficace. Les parois de son nez sont couvertes d'une membrane humide, appelée *muqueuse nasale*, qui emprisonne les odeurs des substances qu'il hume. De nombreux chiens ont le museau allongé, et cette membrane est donc, chez ceux-ci, plus étendue. Les chiens peuvent également compter sur l'organe de Jacobson, situé sur la voûte du palais, pour détecter des odeurs et des goûts particuliers. Certains savants sont d'avis que l'odorat du chien est 100 fois plus sensible que celui de l'être humain !

Grâce à son odorat très développé, un chien arrive à localiser la réserve de nourriture qu'il a enfouie.

Le chien a une bonne vision de nuit. Au fond de ses yeux, derrière la rétine, se trouve une mince membrane appelée tapetum. *Cette membrane réfléchit la lumière à la façon d'un miroir et permet au chien de chasser plus facilement les rongeurs ou d'autres animaux qui sont actifs surtout la nuit.*

Je te vois !

Le chien a une bonne vision périphérique : il peut voir des deux côtés de son corps sans avoir à tourner la tête. Le chien voit plus rapidement les objets en mouvement que les objets fixes : un écureuil immobile pourra échapper à sa vigilance, mais il repérera un écureuil qui court.

Les chiens sont daltoniens, c'est-à-dire qu'ils ne distinguent pas certaines couleurs. Ils n'ont d'ailleurs pas besoin de voir les couleurs pour chasser. Toutefois, leur perception ne se limite pas au noir et blanc. Les scientifiques pensent que les chiens perçoivent des nuances de bleu de même que certaines teintes de jaune ou de vert. Contrairement aux êtres humains, les chiens ne peuvent pas percevoir le rouge.

Le chef de la bande

Les chiens vivent habituellement en groupes, appelés *bandes*, formés d'au moins deux individus. La bande d'un chien peut comprendre des membres de sa famille, d'autres chiens ou même des personnes. Les chiens sont des animaux sociaux : ils ont besoin de compagnie. La vie en bande leur procure aussi la protection. Les membres d'une bande s'avertissent les uns les autres des dangers et se protègent mutuellement de leurs ennemis. Les **chiens errants** peuvent aussi former des bandes afin de s'entraider dans la recherche de nourriture, car la chasse en groupe est plus facile qu'en solitaire.

Le chien dominant

Chaque bande est organisée selon un ordre, une hiérarchie. Chacun des membres de la bande connaît sa place dans cette hiérarchie. Le chef est le chien **dominant**. Il n'est pas nécessairement l'animal le plus imposant, mais il est celui qui a le plus d'assurance. Tous les autres membres de la bande sont d'un caractère **soumis**. De tels chiens sont d'un rang inférieur au chien dominant et ne mangent qu'une fois que le chef s'est servi. Cette structure hiérarchique a pour effet de réduire le nombre de bagarres dans une bande, car un chien au caractère soumis ne s'aventurera jamais à défier un chien au caractère dominateur.

Attention au chien!

L'abri ou le repaire du chien, c'est sa tanière. Les chiens délimitent le territoire de la bande, ou la région entourant leur tanière, au moyen de leur urine et de leurs excréments. Ces aires de marquage sont appelées jalons odorants. Si un chien détecte l'odeur d'un autre animal sur son propre territoire, il se peut qu'il masque cette odeur par la sienne. Pour défendre son territoire, le chien aboie de façon à avertir les intrus de se tenir à distance.

Un nez... inné

Les chiens d'une bande se reconnaissent mutuellement à leur odeur. Certaines de leurs **glandes** produisent une odeur particulière. Ainsi, simplement en le sentant, un chien peut savoir si un autre chien est de caractère dominateur ou soumis, ou s'il s'agit d'un mâle ou d'une femelle. Certains chiens se roulent sur la carcasse d'un animal ou dans des excréments, afin d'avoir une odeur plus forte.

Ce chien noir démontre son caractère soumis en se jetant sur le sol et en exposant son ventre.

La communication

Les chiens communiquent : ils envoient des messages aux autres chiens, aux autres animaux et aux êtres humains pour exprimer ce qu'ils ressentent. Ils ont recours à des mimiques ou au langage du corps pour rappeler, aux membres de la bande comme aux autres animaux, la place qu'ils occupent au sein de celle-ci.

J'ai besoin d'attention !

C'est par le toucher que les chiens donnent ou reçoivent de l'affection. Un chien fera connaître son besoin d'attention en se frottant à son maître ou en lui sautant — plus ou moins gentiment — dessus. Il peut même lécher son maître ou faire du bruit pour attirer l'attention de celui-ci. Le fait de toucher ou de lécher permet aussi au chien de répandre son odeur. Communiquer son odeur à d'autres chiens peut l'aider à les reconnaître comme faisant partie de sa bande.

Grrr...

Le recours aux sons est un autre moyen de communiquer. Le chien grogne pour menacer ses ennemis et aboie pour avertir son entourage d'un danger. Quand un chien est blessé, il peut couiner ou même glapir. Les chiens courants hurlent lorsqu'ils se sentent seuls ou qu'ils veulent communiquer, mais un basenji ne hurle ni ne jappe. Ce chien produit un son qui ressemble à un chant tyrolien !

À ton avis, quel est le message qu'envoie ce chien?

Lorsqu'un chien dresse les oreilles, cela signifie qu'il concentre toute son attention.

Un chien montre qu'il se soumet à un autre chien en cachant sa queue entre ses pattes.

Pour menacer un ennemi, un chien le fixe du regard et découvre ses gencives pour montrer ses crocs acérés. Si l'agresseur ne s'en va pas, il peut y avoir combat.

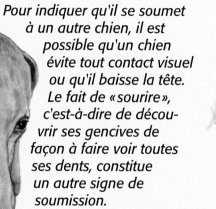

Pour indiquer qu'il se soumet à un autre chien, il est possible qu'un chien évite tout contact visuel ou qu'il baisse la tête. Le fait de «sourire», c'est-à-dire de découvrir ses gencives de façon à faire voir toutes ses dents, constitue un autre signe de soumission.

Lorsqu'il dresse la queue et l'agite rapidement, un chien indique qu'il est excité, enjoué.

Les chiots

Un chien nouveau-né est appelé *chiot*. La mère porte ses petits environ deux mois. Lorsqu'elle sent qu'elle sera bientôt prête à mettre bas, la future mère trouve un abri sûr. Là, elle donne naissance à une portée, un groupe de chiots.

Les chiots sont dépendants de leur mère; elle leur fournit nourriture, chaleur et protection. Après la naissance d'un chiot, sa mère le lèche pour le nettoyer et lui permettre de respirer et d'uriner. La mère fait la toilette de ses chiots jusqu'à ce qu'ils puissent se nettoyer eux-mêmes.

Une chienne peut avoir deux portées par année. Le nombre de petits par portée varie selon la race. Certaines femelles ont un seul chiot par portée alors que d'autres ont jusqu'à dix-huit petits!

La bouffe des chiots

Dès sa naissance, le chiot a faim. Il se glisse près de sa mère et se met à la téter. Trois semaines plus tard, ses dents commencent à apparaître et le petit animal doit être sevré. Il cesse de boire le lait de sa mère et commence à prendre des aliments semi-solides, que l'estomac d'un chiot peut aisément digérer. Il arrive même que la mère régurgite, ou recrache, la nourriture pour que ses petits puissent l'avaler plus facilement. La plupart des chiots sont capables de manger des aliments solides à l'âge de six semaines.

La croissance

Au cours des deux premières semaines de sa vie, un chiot passe le plus clair de son temps à manger et à dormir. Il ne peut ni voir ni entendre. Par la suite, ses yeux s'ouvrent et son ouïe s'éveille. Après un mois, ou six semaines au plus, le jeune chien commence à explorer le monde qui l'entoure. À douze semaines, il est plus actif et plus curieux, mais il n'est pas encore en mesure de vivre sans les soins et la protection de sa mère.

Les chiens qui jouent à se tirailler développent des habiletés pour la chasse. Ils apprennent en quelque sorte à s'arracher une proie.

Les chiens d'arrêt

Il y a longtemps, les gens faisaient l'élevage de chiens d'arrêt, aussi appelés *chiens de chasse*, pour les aider à chasser les oiseaux. Il y a quatre grands types de chiens d'arrêt : les chiens rapporteurs, les pointers, les setters et les épagneuls. Ils ont tous d'excellentes qualités de pisteurs et de chasseurs.

Ce chien rapporteur transporte un animal avec précaution de façon à ne pas le transpercer avec ses dents.

Les chiens rapporteurs

On a élevé les chiens rapporteurs pour qu'ils trouvent et rapportent les proies abattues, en particulier celles tombées dans l'eau. Leur robe épaisse et huileuse rend leur peau imperméable à l'eau.

La plupart des chiens rapporteurs sont d'excellents nageurs et peuvent parcourir de longues distances à la nage pour récupérer des oiseaux aquatiques comme des canards. Le chesapeake a les pattes palmées. La membrane entre ses doigts de pattes lui permet de nager plus facilement.

Les pointers et les setters

Les pointers et les setters, appelés aussi *chiens couchants*, flairent le gibier et montrent aux chasseurs où il se trouve. Lorsque ces chiens détectent un oiseau, ils ne le pourchassent pas. Un pointer reste immobile et « pointe » son corps en direction du lieu où se trouve le gibier. Les setters ne pointent pas. Ils s'aplatissent plutôt contre le sol et dirigent les chasseurs vers le gibier.

▼ Un pointer tient sa position d'arrêt jusqu'à ce qu'on lui dise de bouger.

▲ La fourrure épaisse du setter anglais le protège des broussailles.

Les épagneuls

On a d'abord élevé les épagneuls pour faire sortir le gibier de son gîte ou le surprendre dans les hautes herbes ou les broussailles. Ces chiens sont plus courts que les autres types de chiens d'arrêt. Ils sont bas sur pattes, ce qui leur permet de s'approcher discrètement du gibier dans les hautes herbes.

L'épagneul cocker anglais, ou cocker-spaniel, est le plus petit chien d'arrêt. Il peut courir rapidement pendant de longues périodes.

Les chiens courants

À l'origine, c'est pour la chasse aux animaux de la forêt, comme les lapins, les renards, les cerfs, les ours et les élans, que l'on a élevé ces chiens. Il existe deux catégories de chiens courants : les lévriers et les limiers.

Les lévriers

Les lévriers jouissent d'une bonne vue et peuvent facilement repérer leurs proies. Capables de soudaines pointes de vitesse, ces chiens aux longues pattes peuvent s'offrir un repas vite fait en rattrapant un lapin à la course.

Les limiers

Les limiers, des chiens pisteurs, utilisent leur odorat très développé pour suivre la piste d'un animal. De nombreux chiens de ce groupe sont bas sur pattes, ce qui leur permet de détecter les animaux qui vivent dans des retraites souterraines, comme les renards ou les blaireaux. Ces chiens peuvent poursuivre longtemps une proie. Lorsque celle-ci est épuisée, il leur est alors facile de l'attraper.

La robe longue et soyeuse du lévrier afghan le garde au chaud dans son habitat des montagnes de l'Afghanistan.

De nombreux types de chiens pisteurs, comme ce basset, ont de longues oreilles, qu'ils ne peuvent dresser complètement. Certaines personnes pensent que leurs oreilles tombantes aident ces chiens à capter les odeurs provenant du sol.

Les terriers

On a élevé les terriers pour leur faire chasser les animaux à **terrier**, comme les rats, qui ont leur repaire sous terre. Certains terriers aident les chasseurs en débusquant les proies de leurs trous; d'autres tuent eux-mêmes les proies. Il existe deux groupes de terriers : ceux aux membres courts et ceux aux membres longs.

Les terriers aux membres courts

Le corps des terriers aux membres courts est petit, ce qui leur permet de se faufiler dans des espaces restreints ou souterrains. Ces chiens se servent de leurs pattes de devant pour élargir le tunnel menant à une proie. Lorsqu'ils creusent, les terriers à membres courts projettent les cailloux et la terre au-dehors afin de ne pas s'ensevelir sous la pierraille.

Les terriers aux membres longs

Les terriers aux membres longs sont trop gros pour pouvoir se faufiler dans des abris souterrains. Pour atteindre leurs proies, ils doivent plutôt, de leurs pattes longues et minces, creuser le sol, en projetant la terre derrière eux. De nombreux terriers aux membres longs ont les oreilles pendantes, ce qui empêche la poussière d'y pénétrer.

Le terrier cairn a connu une grande popularité en Écosse, où il chassait les renards qui vivent dans des régions rocheuses. Le mot « cairn » désigne un monticule de pierres.

Le bull-terrier du Staffordshire se distingue de la plupart des autres terriers aux membres longs. Il a une poitrine large et des membres très écartés. Il fut créé comme chien de combat.

Les chiens de travail

La plupart des chiens de travail ont un corps costaud, musclé, qui les rend aptes à des tâches de garde, de sauvetage ou de trait. Ils apprennent vite et sont efficaces. Les grands danois, les terre-neuve, les rottweilers et les boxers font partie des chiens de travail.

Les chiens de trait

De nombreux chiens de travail sont dressés pour tirer des charges. Certains tirent des chariots remplis de récoltes ou d'articles lourds. On a souvent recours à des attelages de chiens pour tirer des traîneaux transportant des gens ou des marchandises sur la glace ou la neige.

La course en traîneaux à chiens est un sport exigeant. Par exemple, la course qui est disputée sur la piste Iditarod, en Alaska, se déroule sur un parcours de 1850 kilomètres et peut exiger de dix à dix-sept jours d'effort. Pendant une telle course, une seule équipe requiert de douze à seize chiens esquimaux.

Les chiens de garde

Les chiens de garde sont forts, alertes et ont un aspect menaçant. La police les emploie pour accomplir certaines tâches dans des situations périlleuses. De nombreuses personnes ont des chiens de garde pour assurer leur protection personnelle ou celle de leurs biens.

Les chiens de sauvetage

Les chiens de sauvetage interviennent dans les situations d'urgence. Ils portent secours aux personnes en danger. Certains parcourent les flancs des montagnes, à la recherche des victimes d'avalanches. D'autres sont des nageurs infatigables qui participent à des efforts de sauvetage en mer.

Les dobermans pinschers font de bons chiens de garde, car ils sont obéissants et prompts.

Les saint-bernard peuvent localiser des gens perdus dans la neige. Ils aident à ranimer les victimes en leur léchant le visage. Ils les réchauffent aussi en se couchant près d'elles. La chaleur de leur imposant corps aide les victimes à rester en vie.

Les chiens de berger

Les chiens de berger aident leurs maîtres à garder du bétail, comme des moutons ou des vaches. Ils rassemblent les animaux, les guident dans leurs déplacements et s'assurent qu'ils ne se perdent pas. Ils contribuent aussi à les protéger des prédateurs, c'est-à-dire des animaux qui veulent les tuer pour s'en nourrir. Tous les chiens peuvent chasser, mais on dresse les chiens de berger à ne pas chasser les animaux dont ils ont la garde.

La robe de nombreux chiens de berger les aide à passer inaperçus dans leur environnement. Le berger anglais à queue courte a une longue fourrure grise, semblable à la laine des moutons. Ce type de **camouflage** l'aide à se cacher au milieu des bêtes qu'il protège pour surprendre ses ennemis. La robe épaisse des chiens de berger les protège lorsqu'ils doivent combattre des prédateurs ou d'autres ennemis.

Originaire de l'Écosse, le colley des Borders garde maintenant des troupeaux partout dans le monde. Le colley ci-dessus veille sur un groupe de porcelets.

À chacun sa méthode !

Chaque chien possède sa propre méthode
pour garder du bétail. Certains chiens
pourchassent les moutons qui s'éloignent
du troupeau et les ramènent vers celui-ci.
D'autres courent autour du troupeau tout
entier, de façon à maintenir les bêtes dans
la bonne direction. Dans certaines fermes,
les chiens de berger travaillent seuls,
tandis que, dans d'autres, ils travaillent
en groupes.

*Le Welsh corgi — un chien de berger d'origine
galloise — est bas sur pattes. Ce petit chien
n'est pourtant pas intimidé par la grande
taille des animaux dont il a la garde. Pour
ramener au troupeau une bête qui s'en
éloigne, il la mordille au talon.*

Les chiens de compagnie

Jadis, des dalmatiens couraient à côté des voitures attelées pour protéger leurs occupants des brigands. Plus tard, les dalmatiens furent les auxiliaires des pompiers : ils devaient garder à leur poste les chevaux qui tiraient les chariots d'incendie.

On a d'abord classé les chiens en deux groupes principaux : les chiens de chasse et les chiens de compagnie. Aujourd'hui, on les répartit en sept groupes. De nombreuses races, qui ne furent pas créées pour la chasse, appartiennent maintenant au groupe des chiens de compagnie. Les chiens de ce groupe se différencient les uns des autres par leur anatomie et leurs capacités.

Le grand loulou, ou grand spitz, était populaire en Hollande, où on l'utilisait pour veiller sur les fermes et les bateaux.

Le chow-chow fait partie des plus anciennes races de chiens. Il existe en effet depuis plus de 2000 ans ! On le reconnaît à sa langue noirâtre.

Le terrier de Lhassa était un chien de garde des lieux sacrés du Tibet.

Le shar-pei est bien connu en raison de ses poils courts et rugueux et de sa peau plissée. Son nom signifie «peau de sable». Il appartient à l'une des deux races de chiens qui ont la langue noirâtre.

Les chiens d'agrément

Les chiens d'agrément appartiennent aux plus petites races de chiens. Ils sont le produit de croisements de chiens de plus grande taille, comme des chiens courants, des chiens d'arrêt ou des terriers. Les chiens d'agrément offrent aux gens compagnie et protection.

Le compagnon parfait

Les chiens d'agrément sont souvent assez petits pour s'installer confortablement sur les genoux d'une personne. On peut les prendre et les transporter facilement. En raison de sa petite taille, le chien d'agrément est le compagnon idéal dans des lieux de dimensions restreintes comme les appartements. En effet, il n'a pas besoin de beaucoup d'espace pour faire de l'exercice et est bien adapté à la vie en ville.

Des copains protecteurs

Même si les chiens d'agrément n'ont pas une allure féroce ou menaçante, beaucoup d'entre eux peuvent être agressifs, si cela s'avère nécessaire. Ils protègent farouchement leur territoire ou leur bande. Leurs aboiements aigus avertissent les intrus de quitter leur territoire.

▲ *Le nom du shih tzu vient d'un mot chinois qui signifie « lion ».*

◀ *Le chihuahua tire son nom d'un État du Mexique.*

Des chiens en péril

Depuis que les humains ont domestiqué le chien, ils en ont la responsabilité. Si les gens ne s'occupent pas comme il faut de leurs chiens, ceux-ci peuvent souffrir de maladies, être victimes d'abus ou courir d'autres dangers.

Des usines à chiots

Une usine à chiots, comme sur la photo ci-contre, est une entreprise qui fait s'accoupler de nombreux chiens en vue de les vendre et de faire le plus d'argent possible. On y garde les chiennes pour engendrer des chiots. Les portées trop nombreuses rendent les chiennes malades et elles finissent par en mourir. Les chiots de ces portées sont souvent en mauvaise santé.

Les inconvénients des croisements

Les différentes races résultent du désir des gens de créer leur chien idéal. Certaines races ont disparu, parce que les gens ont cessé de les faire se reproduire. Par exemple, le terrier anglais blanc n'existe plus aujourd'hui. Les croisements ont aussi engendré des problèmes de santé chez certains chiens. Le bouledogue anglais et le boxer sont le résultat de croise-ments effectués dans le but d'obtenir des chiens n'ayant pas un long museau. Leur museau court cause à ces chiens des difficultés respiratoires.

Chez le bouledogue anglais, la tête du chiot est souvent trop grosse pour que sa mère puisse mettre bas de façon naturelle, c'est-à-dire sans intervention humaine. La mâchoire inférieure de ce bouledogue anglais est tellement saillante que l'animal a de la difficulté à mâcher sa nourriture.

Nos meilleurs amis

Pour un grand nombre de personnes, un chien n'est pas qu'un compagnon de jeu ou un protecteur, c'est un ami. Posséder un chien est très agréable, mais cela demande aussi beaucoup de travail. Les chiens ont besoin de nourriture, d'eau, d'un abri, de faire de l'exercice et de recevoir beaucoup d'attention pour devenir des animaux de compagnie heureux et en santé. As-tu un chien ?

Donner le bain à un chien peut devenir une partie de plaisir !

Un foyer pour Fido

Il existe plusieurs races et types de chiens. Il est important de choisir celui qui nous convient le mieux. Il faut déterminer si le chien devra vivre à l'intérieur ou à l'extérieur, s'il a besoin de beaucoup d'exercice et combien il en coûtera pour le nourrir.

Où trouver un chien ?

Certaines personnes achètent un chien dans un magasin. D'autres se procurent un chiot auprès d'un ami. Il est aussi possible d'adopter des chiens venant de refuges ou d'organismes qui recueillent les animaux perdus, abandonnés ou ayant subi de mauvais traitements.

Cours, Fido, cours !

Les chiens ont besoin d'exercice. Ils sont faits pour courir et être actifs. De nombreux chiens deviennent dépressifs s'ils sont laissés seuls pendant de longues périodes. Ils peuvent alors trouver des façons particulières de dépenser leur trop-plein d'énergie, en mâchouillant des meubles ou en cachant des chaussures, par exemple. Promener un chien et le faire courir après des bâtons ou des balles qu'il doit ensuite rapporter sont de bons moyens de lui faire faire de l'exercice.

Alimentation et propreté

Les chiens ont besoin de recevoir la quantité de nourriture convenant à leur âge et à leur poids. Les restes de repas peuvent nuire à leur santé. Les chiens font souvent eux-mêmes leur toilette, mais il est nécessaire de leur donner des bains pour débarrasser leur fourrure ou leur pelage de la poussière. Demande à ton vétérinaire de te recommander la meilleure façon de nourrir ton chien et d'en prendre soin.

Pas de vilains chiens !

Par un dressage à l'obéissance, on peut montrer à un chien à ne pas blesser les personnes de son entourage ni à se blesser lui-même. Les chiens apprennent à réagir aux ordres comme « Assis ! », « Reste ! » et « Viens ! ». Le dressage à l'obéissance aide aussi le chien à s'habituer à la présence d'étrangers et d'autres chiens. Le chien apprend à n'être ni timide ni craintif.

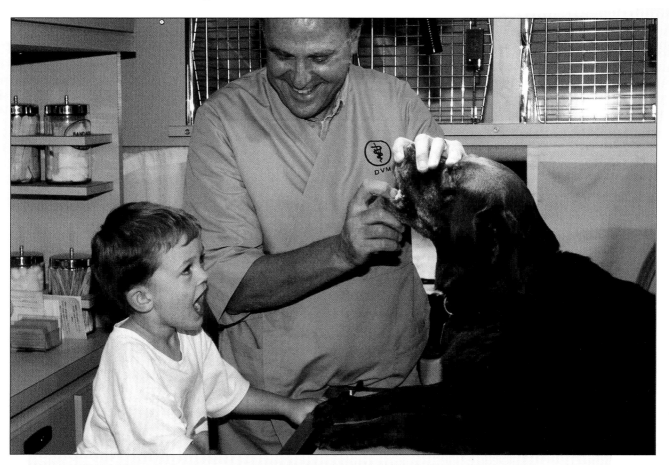

*Les visites régulières chez le vétérinaire aident à maintenir un chien en santé. Le vétérinaire **vaccine** les animaux pour leur éviter de contracter la rage ou d'autres maladies graves. «Dis aah !»*

Glossaire

ancêtre   Animal primitif à l'origine de diverses espèces

bâtard   Chien dont les origines sont inconnues ou qui est le résultat de croisements entre de nombreuses races

camouflage   Couleurs ou marques d'un animal lui permettant de se dissimuler dans son milieu naturel

chiens errants   Chiens perdus ou abandonnés

croisement   Accouplement d'individus de différentes races ou de différentes espèces

de race pure   Dont les parents sont de la même race

domestiquer   Apprivoiser un animal et l'entraîner à vivre en compagnie des êtres humains, afin de leur être utile

dominant   Se dit de la personne, de l'animal ou de la chose qui a le plus de pouvoir

espèce   Groupe d'êtres vivants semblables qui peuvent s'accoupler et avoir des bébés

glande   Organe qui produit et sécrète une substance

race   Groupe d'animaux, au sein d'une espèce, ayant des caractères semblables

reproduction sélective   Accouplement d'individus choisis

s'accoupler   S'unir pour se reproduire

soumis   Décrit un être vivant qui accepte la domination d'un autre

terrier   Abri ou repaire souterrain d'un animal

vacciner   Injecter un vaccin pour protéger contre certaines maladies

Index